MINISTÈRE DE L'INSTRUCTION PUBLIQUE

DÉCRETS

PORTANT RÉORGANISATION DE

L'ENSEIGNEMENT SECONDAIRE

PARIS
11, Place St-André-des-Arts.

LIMOGES
45, Nouvelle route d'Aixe

Henri CHARLES-LAVAUZELLE
Editeur

1891

Réorganisation de l'Enseignement Secondaire

MINISTÈRE DE L'INSTRUCTION PUBLIQUE

DÉCRETS

PORTANT RÉORGANISATION DE

L'ENSEIGNEMENT SECONDAIRE

PARIS | LIMOGES
11, Place St-André-des-Arts. | 46, Nouvelle route d'Aixe

Henri CHARLES-LAVAUZELLE

Editeur

—

1891

RÉORGANISATION

DE

L'ENSEIGNEMENT SECONDAIRE

Le Président de la République française,

Sur le rapport du Ministre de l'instruction publique et des beaux-arts ;

Vu la loi du 21 juin 1865 ;

Vu la loi du 27 février 1880 ;

Vu les décrets du 28 mars 1866, du 4 août 1881, du 21 décembre 1885 et du 8 août 1886 ;

Le conseil supérieur de l'instruction publique entendu,

Décrète :

Art. 1er — L'enseignement secondaire spécial prend le nom d'enseignement secondaire moderne.

Art. 2. — Les classes actuellement désignées sous les noms de première année, deuxième année, etc., prennent respectivement les noms de classe de sixième, classe de cinquième, etc.

La classe de première est divisée en deux sections, l'une littéraire, l'autre scientifique.

La section littéraire prend le nom de première (lettres), la section scientifique le nom de première (sciences).

Art. 3. — L'enseignement secondaire moderne comprend : la langue et la littérature françaises, les langues et les littératures allemandes et anglaises, la philosophie et la morale, les principes du droit et des notions d'économie politique, l'histoire, la géographie, les mathématiques, la physique et la chimie, les sciences naturelles, le dessin, la comptabilité.

Dans certains établissements, l'étude de l'anglais pourra être remplacée par celle de l'italien ou de l'espagnol.

Art. 4. — A l'issue de la classe de troisième, les élèves peuvent recevoir un certificat qui leur est délivré dans les conditions prévues par l'article 2, paragraphe 2, du décret du 8 août 1886.

Art. 5. — A l'issue de la classe de seconde, les élèves peuvent entrer soit dans l'une des sections de la classe de première, soit dans la classe de mathémathiques élémentaires.

Art. 6. — A partir de l'année 1894, il ne sera plus ouvert de concours pour l'agrégation de l'enseignement secondaire spécial ni de session d'examen pour l'obtention du certificat d'aptitude audit enseignement.

Art. 7. — Les dispositions des règlements antérieurs sont abrogées en ce qu'elles ont de contraire au présent décret.

Art. 8. — Le Ministre de l'instruction publique et des beaux-arts est chargé de l'exécution du présent décret.

Fait à Paris, le 4 juin 1891.

CARNOT.

Par le Président de la République :

*Le Ministre de l'instruction publique
et des beaux-arts,*

Léon BOURGEOIS.

BACCALAURÉAT DE L'ENSEIGNEMENT SECONDAIRE MODERNE

Le Président de la République française,

Vu le décret en date du 4 juin 1891 ;
Vu le décret du 4 août 1881 ;
Vu la loi du 27 février 1880 ;
Le conseil supérieur de l'instruction publique entendu,

Décrète :

TITRE Ier

Art. 1er. — Le baccalauréat de l'enseignement secondaire spécial créé par le décret du 4 août 1881 prend à l'avenir le nom de baccalauréat de l'enseignement secondaire moderne.

Art. 2. — Les diplômes sont conférés par le Ministre de l'instruction publique après des examens subis au siège des facultés.

Art. 3. — Les épreuves sont les unes écrites, les autres orales.
Les épreuves écrites sont éliminatoires.

Art. 4. — Le bénéfice de l'admissibilité aux épreuves orales, après échec à ces épreuves, est acquis aux candidats pendant. l'année suivante, à la condition qu'ils se présentent pour réparer leur échec devant le même jury.

Art. 5. — L'admissibilité, l'admission ou l'ajournement sont prononcés après délibération du jury.

Art. 6. — Les candidats peuvent produire, en se faisant inscrire, un livret scolaire établi dans les formes qui seront prescrites par un arrêté ministériel.

Cette production n'est autorisée qu'aux secrétariats des facultés des académies dans le ressort desquelles se trouve l'établissement auquel appartient le candidat.

Dans l'académie de Chambéry, les livrets scolaires pourront être produits aux secrétariats des facultés de Lyon et de Grenoble.

Art. 7. — Les livrets sont examinés par les jurys. Il est tenu compte, pour l'admissibilité et pour l'admission, des renseignements qu'ils contiennent.

Art. 8. — Pour les épreuves écrites, sauf pour l'épreuve de langues vivantes, il est donné trois sujets, entre lesquels les candidats ont le droit de choisir.

Art. 9. — Tout candidat qui, sans excuse jugée valable par la faculté, ne répond pas à l'appel de son nom le jour qui lui a été indiqué, est renvoyé à une autre session et perd le montant des droits d'examen qu'il a consignés.

TITRE II

DES ÉPREUVES

Art. 10. — Les épreuves sont divisées en deux parties.

Art. 11. — Nul ne peut se présenter aux épreuves de la seconde partie qu'un an après avoir subi avec succès celles de la première partie.

Aucune dispense ne sera accordée.

L'intervalle compris entre la saison d'octo-bre-novembre et celle de juillet-août compte pour une année.

Première partie.

Art. 12. — Les épreuves de la première par-tie sont :

Epreuves écrites.

Un thème anglais et une version allemande, ou, au choix des candidats, un thème allemand et une version anglaise, italienne ou espagnole ;

Une composition française.

Jusqu'à la session d'octobre-novembre 1893 inclusivement, l'usage d'un lexique reste autorisé pour l'épreuve écrite de langue vivante.

Epreuves orales.

1º L'explication d'un texte français ;

2º L'explication d'un tex'e allemand ;

3º L'explication d'un texte anglais, italien ou espagnol, au choix des candidats.

Les explications de textes de langues vivantes sont accompagnées ou suivies d'une conversation dans celles des langues vivantes sur lesquelles les candidats sont interrogés ;

Les candidats peuvent, en outre, demander à être interrogés sur une troisième langue vivante. Dans l'académie d'Alger, l'arabe peut être substitué, au choix des candidats, à l'une des langues inscrites au programme :

4º Une interrogation d'histoire et de géographie ;

5º Une interrogation sur les mathématiques ;

6º Une interrogation sur la physique et la chimie.

Ces épreuves ont pour base les programmes
de la classe de seconde de l'enseignement secondaire moderne.

Deuxième partie.

Art. 13. — Les candidats à la seconde partie
peuvent choisir au moment de leur inscription
entre les séries suivantes d'épreuves.

PREMIÈRE SÉRIE

Epreuves écrites.

Une dissertation sur un sujet de philosophie.

Epreuves orales.

1º Une interrogation sur la philosophie ;
2º Une interrogation sur l'histoire coutempo-
raine ;
3º Une interrogation sur la géographie ;

4º Une interrogation sur la littérature ;

5º Une interrogation sur l'histoire naturelle.

Les épreuves de cette série ont pour base le programme de la classe de première (lettres) de l'enseignement secondaire moderne.

DEUXIÈME SÉRIE

Epreuves écrites.

Une composition de mathématiques et de physique.

Epreuves orales.

1º Une interrogation sur les mathématiques;

2º Une interrogation sur la physique, la chimie et l'histoire naturelle ;

3º Une interrogation sur l'histoire contemporaine ;

4º Une interrogation sur la philosophie ;

5º Une interrogation sur la géographie.

Les épreuves de cette série ont pour base le programme de la classe de première (sciences) de l'enseignement secondaire moderne.

TROISIÈME SÉRIE

Epreuves écrites.

Une composition de mathématiques et de physique.

Epreuves orales.

1º Une interrogation sur les mathématiques ;
2º Une interrogation sur la physique ;
3º Une interrogation sur la chimie ;
4º Une interrogation sur l'histoire contemporaine ;
5º Une interrogation sur la philosophie.

Les épreuves de cette série ont pour base le programme de la classe de mathématiques élémentaires des lycées.

Art. 14. — Le diplôme est délivré sur la production de deux certificats d'aptitude correspondant l'un à la première partie, l'autre à la seconde partie des épreuves.

Art. 15. — Sont inscrites sur les diplômes les mentions suivantes :

1re *série* : Lettres, philosophie ;
2e *série* : Lettres, sciences ;
3e *série* : Lettres, mathématiques.

TITRE III

DISPOSITIONS TRANSITOIRES

Art. 16. — Les dispositions du présent décret seront applicables, en ce qui concerne la première partie des épreuves, à dater de la session de juillet-août 1892 ; en ce qui concerne la seconde partie des épreuves, à dater de la session de juillet-août 1893.

Jusqu'à la session d'octobre-novembre 1894 inclusivement, les épreuves écrites de la première partie ne comprendront qu'un seul thème de langue vivante, anglais ou allemand, au choix des candidats.

Art. 17. — Il pourra être délivré des diplômes de bachelier de l'enseignement secondaire spécial jusqu'à la session d'octobre-novembre 1894 inclusivement.

Art. 18. — Sont abrogées toutes les dispositions des décrets antérieurs contraires au présent décret.

Art. 19. — Le Ministre de l'instruction publique et des beaux-arts est chargé de l'exécution du présent décret.

Fait à Paris, le 5 juin 1891.

CARNOT.

Par le Président de la République :

Le Ministre de l'instruction publique et des beaux-arts,

Léon BOURGEOIS.

EXAMENS POUR LE BACCALAURÉAT DE L'ENSEIGNEMENT SECONDAIRE MODERNE

Le Ministre de l'instruction publique et des beaux-arts,

Vu le décret en date du 5 juin 1891, relatif au baccalaureat de l'enseignement secondaire moderne ;

Le conseil supérieur de l'instruction publique entendu,

Arrête :

TITRE Ier

SESSIONS D'EXAMENS

Art. 1er. — Il est ouvert chaque année deux sessions pour les examens du baccalauréat de l'enseignement secondaire moderne : la première à la fin, la seconde au commencement de l'année scolaire. Les dates en sont fixées par arrêtés ministériels.

Une session extraordinaire, pour la seconde partie, peut avoir lieu au mois de mars ou d'avril.

Cette session est exclusivement réservée aux

candidats qui ont subi deux échecs et aux candidats aux écoles spéciales du gouvernement.

TITRE II

CONDITIONS D'ADMISSIBILITÉ A L'AXAMEN

Art. 2. — Tout candidat doit déposer ou faire déposer dans les délais fixés ci-après, au secrétariat de la faculté des sciences ou de la faculté des lettres, les pièces suivantes :

1º Son acte de naissance dûment légalisé cunstatant qu'il a l'âge requis par les règlements ;

2º Une demande conforme à la formule annexée au présent arrêté, écrite en entier de sa main, signée de ses nom et prénoms. Si le candidat est mineur, sa demande doit être accompagnée de l'autorisation de son père ou tuteur.

La signature du candidat et, s'il est mineur, celle de son père ou tuteur, doit être légalisée.

En se faisant inscrire pour la première partie, le candidat indique sur quelles langues vivantes il demande à subir les épreuves.

En se faisant inscrire pour la seconde partie,

le candidat indique quelle série d'épreuves il demande à subir.

A ces pièces peut être joint le livret scolaire prévu par l'article 6 du décret en date de ce jour.

Art. 3. — Les inscription: sont reçues au secrétariat de la faculté des lettres pour la première partie et pour la première série de la seconde partie, au secrétariat de la faculté des sciences pour les deuxième et troisième séries de la seconde partie.

Art. 4. — Le registre d'inscription est ouvert du 15 au 30 juin et du 10 au 25 octobre.

Dans le cas où, par l'application de l'article 1er, paragraphe 2, du présent arrêté, il est ouvert une session extraordinaire en mars ou avril, l'arrêté ministériel qui l'ouvre fixe les dates d'ouverture et de clôture du registre d'inscription.

Art. 5. — Tout candidat régulièrement inscrit doit être examiné dans la session pour laquelle il s'est fait inscrire.

Art. 6. — L'inscription n'est valable qu'après consignation des droits.

TITRE III

DU LIVRET SCOLAIRE

Art. 7. — Le livret scolaire que les candidats sont autorisés à déposer en se faisant inscrire doit être établi conformément au modèle annexé au présent arrêté.

Il est délivré sous la responsabilité des chefs d'établissements.

La signature des chefs d'établissements libres doit être légalisée.

Pour les candidats élevés dans les familles, les professeurs particuliers peuvent fournir des notes sur la valeur des études faites sous leur direction. Leurs signatures doivent être légalisées.

TITRE IV

FORME DES EXAMENS

Art. 8. — Les compositions écrites ont lieu, au choix des facultés, soit en une série unique, soit en séries simultanées ou en séries successives.

Dans le premier cas, il y a au moins un cen-

tre de composition dans chaque département
de l'académie.

Dans le second cas, les compositions ont lieu
au siège de la faculté, et chaque séric comprend, au maximum, 30 candidats.

Dans tous les cas, elles se font sous la sur-
veillance d'un membre du jury.

Art. 9. — Les sujets des compositions écrites
sont choisis par le doyen.

Art. 10. — Chaque candidat, immédiatement
avant de subir les épreuves, écrit et signe, sur
un registre spécial visé et parafé par le doyen,
une déclaration conforme au modèle annexé.
Le secrétaire vérifie l'identité de la signature
et de l'écriture en les confrontant avec celles
de la demande du candidat.

Les candidats sont prévenus des suites que
pourraient avoir pour eux, d'après les lois et
règlements, les fausses signatures apposées aux
actes ainsi que toute autre fraude.

Art. 11. — Les candidats ne peuvent avoir
aucune communication avec le dehors ou entre eux, sous peine d'exclusion. Il leur est in-
terdit d'apporter aucun cahier, aucune note,

aucun livre autre que les lexiques transitoirement autorisés.

Art. 12. — Il est remis à chaque candidat des feuilles à en-tête sur lesquelles ils doivent écrire leur composition.

Art. 13. — La durée des compositions est fixée ainsi qu'il suit :

Première partie.

Epreuve de langues vivantes............ 3 h.
Composition française................. 3 h.

Deuxième partie.

PREMIÈRE SÉRIE

Dissertation sur un sujet de philosophie. 4 h.

DEUXIÈME SÉRIE

Composition de mathématiques et de physique .... 4 h.

TROISIÈME SÉRIE

Composition de mathématiques et de physique......................... 4 h.

Art. 14. — Les épreuves orales sont publiques.

Art. 15. — La durée des épreuves orales est, en moyenne, de trois quarts d'heure pour chaque candidat.

Art. 16. — La valeur de chaque épreuve est exprimée par une note variant de 0 à 20.

Les coefficients suivants sont attribués aux différentes épreuves :

Première partie.

Epreuves de langues vivantes............. 1
Composition française..................... 1
Explication française 1
Explication allemande 1
Explication anglaise, italienne ou espagnole. 1
Interrogation sur l'histoire et la géographie. 1
Interrogation sur les mathématiques........ 1
Interrogation sur la physique et la chimie.. 1

Deuxième partie.

PREMIÈRE SÉRIE

Dissertation sur un sujet de philosophie.... 1
Interrogation sur la philosophie........... 1

Interrogation sur l'histoire contemporaine. 1

Interrogation sur la géographie............ 1

Interrogation sur la littérature............ 1

Interrogation sur l'histoire naturelle....... 1

Le nombre de points attribué à l'interrogation facultative sur une troisième langue vivante entre en compte dans le total des points nécessaires pour être admis.

DEUXIÈME SÉRIE

Composition de mathématiques et de physique................................. 2

Interrogation sur les mathématiques....... 2

Interrogation sur la physique, la chimie et l'histoire naturelle................... 2

Interrogation sur l'histoire contemporaine.. 1

Interrogation sur la géographie........... 1

Interrogation sur la philosophie........... 1

TROISIÈME SÉRIE

Composition da mathématiques et de physique............................... 2

Interrogation sur les mathématiques....... 2

Interrogation sur la physique............. 1

Interrogation sur la chimie............... 1

Interrogation sur l'histoire contemporaine.. 1
Interrogation sur la philosophie. 1

Art. 17. — Pour être admis, les candidats doivent avoir obtenu au moins le nombre suivant de points :

Première partie............................ 80
Seconde partie. — Première série........ 60
Seconde partie. — Deuxième série....... 90
Seconde partie. — Troisième série....... 80

Les certificats d'aptitude portent les mentions suivantes :

Passable, quand le candidat a obtenu la moyenne de dix points ;

Assez bien, quand le candidat a obtenu la moyenne de douze points ;

Bien, quand le candidat a obtenu la moyenne de quatorze points ;

Très bien, quand le candidat a obtenu la moyenne de quinze points.

Art. 18. — Le candidat ajourné ne peut se représenter dans le cours de la même session.

TITRE V

DES JURYS

Art. 19. — Les jurys sont composés ainsi qu'il suit :

Première partie : Quatre examinateurs, dont un pour les sciences ;

Seconde partie : Première série. — Trois examinateurs, dont un pour les sciences ;

Deuxième série. — Trois examinateurs, dont un pour les lettres ;

Troisième série. — Trois examinateurs, dont un pour les lettres.

Art. 20. — La présidence appartient au doyen, et, en son absence, au professeur le plus ancien de la faculté.

Dans le cas où le jury est formé d'un nombre pair de membres, la voix du président est prépondérante.

TITRE VI

POLICE DES EXAMENS

Art. 21. — Les registres des procès-verbaux sont tenus par les secrétaires des facultés.

En cas de fraude ou de tentative de fraude à l'examen, les dispositions de l'article 19 du décret du 30 juillet 1883 sont immédiatement appliquées.

Art. 22. — Le secrétaire de la faculté tient les registres des procès-verbaux de chaque série d'épreuves.

Article 23. — Les certificats d'aptitude, auxquels sont annexés les actes de naissance des candidats, sont transmis au recteur pour recevoir, s'il y a lieu, son visa.

Le doyen de la faculté adresse en même temps au recteur copie du procès-verbal de chaque séance, lequel est signé à l'original par tous les membres du jury, et un rapport sur l'ensemble des examens et sur la force relative des épreuves. Il y joint les compositions faites par chaque candidat, corrigées et annotées par les membres du jury.

Art. 24. — Dans les quinze jours qui suivent la fin de la session, le recteur transmet ces différentes pièces au Ministre de l'instruction publique avec ses observations.

Dans le cas où il croit devoir refuser son visa aux certificats d'aptitude pour cause de vice de forme dans l'examen, le recteur expose les faits dans un rapport spécial au Ministre.

Art. 25. — Les diplômes sont conférés par le Ministre dans la forme établie.

Ils sont transmis aux recteurs, qui en opèrent la remise après les avoir signés.

Nul diplôme n'est remis à l'impétrant qu'après que celui-ci a opposé sa signature tant sur le titre même que sur le registre spécial qui sert à constater la remise du diplôme ou sur un récépissé qui doit être annexé à ce registre.

Tout diplôme qui ne porte point la signature de l'impétrant et celle du recteur est sans valeur.

Art. 26. — Sont abrogées toutes les dispositions contraires à celles du présent arrêté.

Fait à Paris, le 5 juin 1891.

Léon BOURGEOIS.

EXAMEN POUR LA LICENCE

Le Président de la République française,

Sur le rapport du Ministre de l'instruction publique et des beaux-arts;

Vu l'article 26 du décret du 17 mars 1808;

Vu l'article 2 du décret du 20 juin 1878;

Vu l'article 1er du décret du 28 juillet 1885;

Vu l'article 20 du décret du 17 mars 1808;

Vu l'article 2 du décret du 26 juillet 1885;

Vu le décret du 28 juillet 1882, relatif au baccalauréat de l'enseignement scondaire spécial;

Vu le décret du 8 août 1890, relatif au baccalauréat de l'enseignement secondaire classique;

Vu le décret du 5 juin 1891, relatif au baccalauréat de l'enseignement secondaire moderne;

Vu la loi du 27 février 1880;

Le conseil supérieure de l'instruction publique entendu,

Décrète :

Art. 1er. — Les aspirants à la licence ou au doctarat en droit, au doctorat en médecine, aux licences ès sciences, à la licence ès lettres, au grade de pharmacien de 1re classe, doivent produire, en prenant la première inscription, les diplômes ci-après désignés :

Licence et doctorat en droit : le diplôme de bachelier de l'enseignement secondaire classique, avec mention : lettres-philosophie, ou avec mention : lettres-mathématiques.

Doctorat en médecine : le diplôme de bachelier de l'enseignement secondaire classique, avec mention : lettre-philosophie, et transitoirement le diplôme de bachelier ès-sciences restreint.

Licences ès sciences : le diplôme de bachelier de l'enseignement secondaire classique, avec mention : lettres-mathématiques, ou le diplôme de bachelier de l'enseignement secondaire moderne, avec la mention : lettres-sciences ou avec la mention lettres-mathématiques.

Licence ès lettres : le diplôme de l'enseignement secondaire classique, avec mention : lettres-philosophie.

Grade de pharmacien de 1re classe ; le di-

plôme de bachelier de l'enseignement secondaire classique, avec mention : lettres-philosophie, ou avec mention : lettres-mathématiques,
ou le diplôme de bachelier de l'enseignement
secondaire moderne avec l'une ou l'autre des
trois mentions.

Art. 2. — Les diplômes de bachelier ès lettres,
de bachelier ès sciences et de bachelier de l'enseignement secondaire spécial actuellement
délivrés et ceux qui seront délivrés ultérieure-
ment en exécution des mesures transitoires
arrêtées par le décret du 8 août 1890 et par le
décret du 5 juin 1891 restent valables pour
l'inscription en vue des grades mentionnés à
l'article 1er, conformément aux règlements antérieurs.

Art. 3. — Sont abrogées les dispositions des
décrets susvisés en ce qu'elles ont de contraire
à celles du présent décret.

Art. 4. — Le Ministre de l'instruction publique et des beaux-arts est chargé de l'exécution
du présent décret.

Fait à Paris, le 5 juin 1891.

CARNOT.

Paris et Limoges. — Imp. milit. Henri CHARLES-LAVAUZELLE

9 782329 148915